AF268026

LA

CONTRE-INTERNATIONALE

PREMIÈRE SÉANCE DU CONSEIL GÉNÉRAL

(15 Février 1872)

ÉTAIENT PRÉSENTS :

MM. le Comte de LOYNES d'AUTROCHE, Chef d'escadron en retraite,
président ;
CLÉMENT, Membre du Conseil municipal de Laize-la-Ville (Calvados);
E. DUHAUTBOURG, Promoteur de l'*Union économique* ;
C.-E. DOLOT, Propriétaire ;
Fernand DESPORTES de LA FOSSE, Avocat, Docteur en droit ;
l'Abbé P. HUOT, du Clergé de Paris ;
l'Abbé J.-B. JAUGEY, Docteur en théologie ;
Albert JOSET, Propriétaire ;
C. LAPORTE, Propriétaire ;
LACHAMBRE, Propriétaire ;
J.-J. LEROY, Avocat ;
De LILLIERS, Négociant ;
le Baron H. de LAPORTE (par procuration) ;
L.-A. de MONTLUC, Avocat, Docteur en droit ;
MONNIER, Fabricant ;
le Marquis de PRUNELÉ, Propriétaire ;
Eug. POUILLET (par procuration) ;
A. de RIANCEY, Rédacteur en chef de la *France Nouvelle* (de 1871) ;
Emmanuel REY, Chevalier de la Légion-d'Honneur ;
Paul RAMOND, Ex-Auditeur au Conseil d'État ;
le Marquis de STRADA, Propriétaire ;
le Comte de STRADA, Propriétaire.

MM. **A.** et **A. AZUR**, Promoteurs de la *Contre-Internationale.*

RAPPORT

PRÉSENTÉ

PAR LES PROMOTEURS

I

Messieurs,

Nous avons, dans un premier programme, établi que l'*Internationale* était un danger permanent pour la Société ; — nous avons signalé l'ennemi aussi constant que patient qui la menaçait ; — nous avons dit de quelles forces il disposait, quelle part il avait pris à la terrible insurrection du 18 mars, — comment il avait su créer *un État dans l'État*, — quels rôles avaient joué ses chefs pendant la Commune ; — comment l'*Internationale*, héritière directe du socialisme de 1848, n'était en somme qu'une Société secrète politique, et nous avons surtout établi, par des documents authentiques, puisqu'ils émanent de la propagande même à laquelle elle s'est livrée et se livre encore, que toutes les classes qui constituent notre ordre social, sont également menacées par elle :

Aristocratie, clergé, armée, magistrature, fonctionnaires, employés, propriétaires, rentiers, commerçants, agriculteurs, ouvriers, etc.

Nous avons énuméré les forces de cette ténébreuse association dans tous les pays du monde, son mode d'action et de vulgarisation, — comment enfin elle était arrivée à ce degré de puissance qui, au lendemain d'une victoire que des hommes à courte vue ont pu croire complète et achevée, lui permet de se montrer plus menaçante que jamais.

Nous n'en voulons d'autres preuves que les faits tout récents qui se sont produits, ces nouvelles grèves d'Espagne, de Belgique, de Tours, les envois de poudre et armes en France dans des barils de harengs, envois constatés hier encore par une dépêche officielle, ces provocations audacieuses à une lutte nouvelle, dont ont retenti tous leurs journaux, enfin ce qui se passe sous nos yeux, à Paris même, « où, nous disaient les journaux d'hier, les ouvriers qui travaillent sont en butte aux mauvais traitements des ouvriers qui ne travaillent pas !.. Il y a deux jours, l'atelier d'un fabricant de limes a été envahi, et les ouvriers qui travaillaient battus et maltraités. »

Situation si menaçante qu'elle arrachait il y a trois jours à *La Patrie* ce cri d'alarme :

« En face de ces loups furieux, l'alternative est claire, il faut tendre la gorge commes les moutons, — ou se défendre comme des lions.

» Défendez-vous, ils reculent ! Cédez, ils vous égorgent ! — Choisissez ! »

Pour nous, Messieurs, qui avons fait notre choix, nous n'avons plus qu'à examiner ensemble les mesures les plus promptes, les plus efficaces, les plus énergiques à prendre dans l'état actuel.

Ces mesures, nous les avons tracées à grands traits dans le dernier paragraphe de notre programme.

Nous plaçant désormais sur le terrain exclusivement pratique, nous croyons devoir les exposer succintement aujourd'hui, en définissant le but et en établissant les bases de la *Contre-Internationale*.

II

Son but.

Puisque l'existence est constatée désormais d'une immense association, ouvrière qui se donne pour *but avoué* l'amélioration des classes laborieuses, mais qui n'a en somme pour *objectif réel* que le bouleversement de la Société actuelle,

Il est clair qu'il faut opposer association à association, — ligue à ligue, — force à force.

Dans ce but est créée une Société universelle, composée de tous les conservateurs, de tous les gens d'ordre, *à quelque parti qu'ils appartiennent*.

Et si, dès le début, nous établissons cette confraternité entre des opinions qui peuvent diverger d'ailleurs sur beaucoup d'autres points, c'est que l'expérience démontre clairement que l'union est absolument indispensable entre *tout ce qui est honnête* contre *tout ce qui est déshonnête*, que les passions politiques n'ont rien à voir en cette grave matière, — et que la Société se trouve absolument placée dans le cas d'un homme qui, ayant à se défendre contre un voleur ou un assassin, n'hésiterait pas à appeler son voisin à l'aide, quelque contestation qu'ils puissent avoir entre eux sur les questions de mur mitoyen.

L'association a donc pour but le salut de la Société et de la civilisation moderne.

Ce qu'elle doit se proposer avant tout, c'est d'arrêter l'essor que prend chaque jour l'*Internationale*, en formant une vaste ligue qui soit à même de la combattre à armes égales, supérieures même, qui la poursuive partout où elle la rencontrera, — en organisant une propagande active prête en une minute à annihiler les effets de cette propagande occulte, mais incessante.

C'est encore de surveiller continuellement, par tous ses membres, depuis le premier jusqu'au dernier, les faits et gestes de l'*Internationale*, et de se trouver constamment en face d'elle, — prête à la riposte, à l'attaque au besoin.

C'est enfin d'avoir pour objectif suprême l'anéantissement complet de l'*Internationale*, et de rendre impossible, même à ses adeptes les plus fervents, jusqu'au lointain espoir d'un retour offensif.

Nous n'ignorons pas qu'une loi se prépare à l'Assemblée nationale contre l'Association que nous combattons nous-mêmes ; mais, qu'il nous soit permis de le dire à l'avance, cette loi, si rigoureuse qu'elle puisse être, sera certainement inefficace, et n'atteindra que les comparses de l'Association, les convaincus, les niais, peut-être ; les chefs, jamais !

Il y a en Allemagne des lois contre l'Internationale, ce qui n'empêche pas les Internationaux allemands d'être au nombre d'un million d'individus.

C'est la société elle-même qui doit se défendre : si la loi est capable de *réprimer*, elle est impuissante à *prévenir ;* elle juge du fait, — non de l'intention ; elle ne punit un acte criminel qu'alors qu'il y a eu commencement d'exécution. Or, c'est contre ces commencements eux-mêmes que la société doit se mettre en garde.

Elle doit empêcher jusqu'à ces *platoniques aspirations* que la loi ne saurait atteindre, et qui se traduisent si vite en *réalités sanglantes*.

Pour arriver à ce but, quel est, à notre sens, le mode d'organisation à employer ?

III

Mode d'organisation.

Un grand nombre de personnes très-honorables se sont préoccupées jusqu'ici des dangers qu'offrait l'*Internationale ;* toutes ont constaté son action, sa puissance. Personne n'a encore entrepris sérieusement de la détruire ;

Ou bien ceux qui ont tenté quelques efforts se sont rebutés devant l'indifférence et l'apathie du parti des honnêtes gens.

Il est vrai que personne n'a usé des véritables, des seuls moyens capables de former une ligue assez forte de conservateurs, pour écraser la masse ennemie.

Beaucoup ont eu le tort d'attacher à leur œuvre une idée de parti.

Ou bien encore lui ont donné un caractère religieux trop tranché, — trop exclusif.

Les autres ont manqué d'énergie, de constance, — et n'ont pas su se servir de ces moyens puissants, irrésistibles de propagande, qui s'appellent :

La presse,

Les petites brochures,

Les circulaires, surtout.

Ce sont là pourtant, Messieurs, d'énormes leviers, que, pour réussir dans une élection, dans un vote, n'ont jamais négligés les partis politiques : à ce point de vue, prenons exemple sur eux.

Si la majorité des conservateurs est indifférente, on compte cependant un grand nombre d'hommes résolus qui entraîneraient les autres, à cette seule condition que leurs efforts soient habilement dirigés, et qu'on leur donne une mission *simplement* et *nettement* définie. Nous n'en voulons d'autres preuves que ces villages entiers qui ont adhéré à notre premier programme, parce qu'il s'est trouvé dans ces localités un homme honnête, énergique, convaincu, qui s'est chargé de recueillir les signatures.

Evidemment, ce qui, par l'initiative de quelques personnes, a pu se faire dans certains endroits, pourra, sous une impulsion puissante, se faire dans toutes les communes de France.

Donc, envoyons un programme bien clair, bien défini, court, à tous les propriétaires, à tous les magistrats, à tous les notables de France, leur demandant d'agir dans leur sphère.

Que par leur aide soient créés des Comités départementaux,

Et non-seulement par leur aide, mais avec le concours actif de voyageurs intelligents, répandant partout, en France et à l'étranger, l'idée de Contre-Internationale, voyageurs en *honnêteté*, faisant l'*article* pour le salut de la civilisation.

Ne nous trompons point, Messieurs, ce sera là un de nos plus forts leviers auprès de cette classe si nombreuse d'indifférents de toute position et de tout rang, depuis le rentier de province, le commerçant retiré, jusqu'à l'agriculteur, au paysan, dont tout l'horizon est borné au rendement de sa prochaine récolte.

Sur ces esprits tièdes et endormis il faut qu'ils exercent partout une sorte de pression morale, — il faut que partout, dans les villes, dans les campagnes, ils fassent comprendre, ils disent au besoin que « qui n'est pas avec nous, est contre nous, » — « qui n'est pas de la Contre-Internationale peut à bon droit être supposé appartenir à l'Internationale. »

La cotisation annuelle réclamée des membres devra être des plus minimes, — et perçue par petites fractions, — afin de ne pas fournir de prétexte à un refus d'adhésion par la demande d'une somme qui ne soit pas à la portée de tous. Nous avons pensé à *un sou* par semaine.

De plus, notre Association devra être aussi, à notre sens, un société de secours mutuels,

Prête en temps ordinaire à fournir à ses adhérents des villes (les ouvriers) du travail;

A ses adhérents des campagnes (les paysans) des secours en nature, des médicaments, des vêtements.

N'oublions pas, Messieurs, que le *but avoué* de l'Internationale est l'amélioration du sort des travailleurs, et reprenons ouvertement ce but, en nous en faisant une arme contre elle.

Telle sera la tâche immense dévolue à nos agents, à nos correspondants, à nos voyageurs surtout.

Et pour y parvenir, nous ferons bien de nous mettre en rapport avec l'Association des voyageurs de commerce, d'un côté, — de l'autre, avec le compagnonnage qui vient de lancer à ses affiliés une circulaire aussi intelligente qu'honnête.

Pour continuer l'exposé de notre organisation, nous créerons des comités de chefs-lieux, d'arrondissements, de cantons, de communes même, qui prendront le nom de leurs localités respectives, et correspondront avec le comité central du département, qui transmettra toutes les affaires importantes au Comité central établi à Paris.

Nous ne faisons du reste, en tout ceci, Messieurs, qu'imiter l'organisation de l'*Internationale*, qui, nous l'avons dit, est admirable.

Dès qu'un Comité départemental ou autre aura été créé, un nombre suffisant de programmes lui sera adressé. Ces programmes seront distribués sous la direction et sur les indications du Président du Comité. Un délégué passera quelques jours après demander une réponse.

Les listes d'adhérents seront tenues *secrètes*, afin de ne pas effrayer les timides, ceux qui professent notre opinion sans oser l'afficher.

Il ne sera nullement question de parti, ou de religion, afin que toutes les opinions puissent s'unir sur le terrain de la conservation et former ainsi l'immense faisceau indispensable à la réussite.

On veillera partout avec soin à ce que les Comités soient composés d'hommes de toutes les classes menacées par la Société : clergé, noblesse, magistrature, bourgeoisie, employés, ouvriers.

On fera ressortir surtout que le but de l'Association n'est pas l'écrasement des classes pauvres, — qu'on serait heureux, au contraire, de l'alliance des ouvriers honnêtes et laborieux, des vrais travailleurs, — et que l'on ne combat que le socialisme et l'athéisme.

Tels sont, Messieurs, les moyens d'organisation et de de propagande que nous proposons.

Quels seront les moyens d'action que mettra en œuvre le Comité central, armé de cette force, — et sous sa direction les autres Comités ? Nous allons vous les exposer brièvement.

IV

Moyens d'action

En premier lieu, nous l'avons dit déjà, la *surveillance incessante* par tous les Membres des faits et gestes de l'*Internationale.*

Puis, la transmission immédiate au Comité central des agissements de cette association ; ledit Comité prendra immédiatement les mesures nécessaires pour les combattre.

La tactique de l'*Internationale* consiste, pour les grèves, à prendre une branche de patrons et à lui opposer toutes les forces réunies des ouvriers ligués, — en sorte que le résultat n'est jamais douteux. Les patrons dont l'industrie est attaqué sont presque toujours forcés de céder : à mille contre un, le triomphe est facile.

Dans ce cas, la *Contre-Internationale* viendra en aide à la branche d'industrie attaquée, en fournissant aux patrons les fonds nécessaires pour résister et user le nerf de guerre de l'Internationale, et aux ouvriers de cette partie, — nos adhérents, — en leurdonnant, pendant tout le temps de la grève, un subside égal, supérieur même, à celui qu'ils trouveraient dans l'*Internationale*.

Les patrons adhérents prendront l'obligation stricte de n'admettre dans leurs ateliers aucun ouvrier notoirement connu pour appartenir à l'*Internationale*, ainsi le pratiquent déjà les patrons de Genève.

L'*Internationale*, on le sait, répand à profusion des brochures, des journaux perfides et mensongers, qui irritent les classes ouvrières contre la société actuelle, et en font à certains jours les soldats de l'émeute.

Il sera créé une *Imprimerie spéciale* à la Contre-Internationale, qui imprimera les journaux et brochures adoptés par le Comité, — lesquels journaux et brochures seront répandus dans les masses, et distribués par les soins des membres.

Ces brochures, ces journaux, devront être d'un prix excessivement modique et généralement distribués à profusion, gratuitement au besoin, sur tous les points attaqués ou menacés par l'*Internationale*. Rappelons-nous l'active propagande à laquelle se livre, à l'aide des petites brochures, le Protestantisme anglais dans le monde entier.

Par les moyens indiqués plus haut, nous devrons travailler et surveiller activement, incessamment les endroits reconnus pour être les Siéges principaux de l'*Internationale* : *Genève, Bruxelles, Londres.*

Des Comités devront être organisés dans ces villes le plus promptement possible.

Cette organisation, cette surveillance étrangère seront l'œuvre la plus ardue peut-être, mais la plus méritoire à coup sûr, du Comité central. Elle devra être confiée à des hommes excessivement prudents et intelligents.

A des époques déterminées par le Comité central, il y aura réunion à Paris de tous les Présidents de Comités départementaux, ou de leur délégués. Dans ces réunions un rapport sera lu de l'exercice précédent, et l'on discutera des moyens les plus propres à assurer le succès de l'œuvre.

VI.

Ce que nous avons fait jusqu'ici.

Ce que nous avons fait jusqu'ici. Notre programme a été tiré à cent mille exemplaires, dont 50,000 distribués par nos soins aux abonnés de notre journal, et aux personnes les plus influentes de Paris et des Départements.

Le restant nous a été demandé par nos premiers adhérents pour la propagande et nous sommes heureux, Messieurs, de mettre ici sous vos yeux les premiers résultats déjà obtenus.

Lyon a reçu 5,000 programmes; deux de nos amis, placés dans le haut commercce, s'occupent activement de l'œuvre, et nous écrivent que de toutes parts ils reçoivent de chaleureuses adhésions;

A *Marseille*, M. J.-B. Marcellin, beau-frère de M. Armero de Ruiz, notable négociant et consul du Mexique à Marseille, nous a demandé 5000 programmes, se mettant complétement à notre disposition pour l'établissement d'un Comité dans cette ville;

Nos listes circulent à *Nimes* sous l'impulsion de M. Henry Coulet, vice-président de l'Union de l'Ordre, qui nous a déjà adressé de nombreuses adhésions et nous en promet davantage encore. Sa lettre sera mise sous les yeux de votre Comité;

A *Toulouse*, M. J. Boissin, rédacteur du *Messager de Toulouse*, après nous avoir consacré un remarquable article de fond, nous a demandé 2,500 programmes pour adresser à ses abonnés;

A *Toulouse* également, M. Henry Delboy, libraire, se met à notre disposition pour la propagande;

A *Pau*, le *Mémorial des Pyrénées* nous a demandé 2,500 programmes, qu'il a adressés à ses souscripteurs;

A *Cambrai*, la *Gazette de Cambrai*, directeur, M. H.-J. Renoud, nous a adressé la même demande pour 1,500 abonnés;

M. le marquis de Prunelé, qui a bien voulu accepter le titre de Membre du Comité central, nous promet d'organiser tout le département d'*Eure-et Loir*;

M. Gontran du Bourg, à *Cannes*, nous offre son concours entier pour organiser la propagande dans le département des *Alpes-Maritimes*, il aura le concours de M. A. Capron, membre du Comité ;

A *Draguignan (Var)*; même offre de la part de M. E. Millou, 13, rue du Collége ;

A *Senlis (Oise)*, M. Frédéric Lefebvre, avocat, a envoyé des adhésions et demande 50 programmes. Il nous a adressé une lettre importante, s'offrant à organiser le Comité à Senlis, demandant l'admission des femmes au nombre des associés, et proposant d'employer absolument les mêmes moyens d'association et d'organisation que l'Internationale ; même offre de M. S. de Saint-Quentin, architecte à Noyon (Oise) ;

M. le baron Hubert de la Porte, membre de votre Comité, promet d'organiser le département de l'*Eure*.

M. Pasquin, banquier, meunier, président du tribunal de commerce, et membre du conseil d'arrondissement à *Verdun (Meuse)* , se met complétement à notre disposition pour nous aider de toutes ses forces dans notre œuvre ;

Pour le *Tarn* et la *Haute-Garonne*, l'organisation est dévolue aux soins de M. de Coustou-Coysevoc, avocat, au château de Pompignan, par Grisolles (Tarn-et-Garonne) ;

M. J. Molinier, curé de Glatens, même département, a envoyé 100 francs pour la même propagande ;

Dans l'*Isère*, M. T. Nadaud, propriétaire influent, se propose pour établir lui-même le Comité ;

Dans le *Nord*, M. Graveline, professeur, se propose pour établir un Comité à *Roubaix* ;

Un négociant de *Libourne (Gironde)*, M. Ducasse, se charge de l'organisation de sa ville ;

A *Noyon (Oise)*, M. A. de Ronce expose d'excellentes idées en se chargeant de l'organisation ;

M. le comte de Gravelle, membre du Comité central, organisera le département de l'*Eure ;*

M. le comte de Charry, celui de la *Nièvre ;*

M. Coüe de la Tremblaye, à *Redon*, celui de l'*Ille-et-Villaine* ;

M. A. Marchand, directeur du journal *la Bourgogne*, à *Auxerre (Yonne)*, a demandé 1,000 exemplaires pour ses abonnés ;

A *Moulins (Allier)*, même demande de la part du « Messager de l'Allier, » qui nous a consacré d'importants articles.

A *Caen (Calvados)*, excellentes idées exprimées par M. E. Pougheol, sous-directeur de la Société des Bois, qui offre son concours, et n'attend que les décisions et statuts du Comité pour nous adresser adhésion et cotisations ;

M. Gabriel de Chaulnes se mettra à la tête du département du *Loiret*

Dans le *Finistère*, M. Le Bann, aumônier de l'hôpital de Saint-Léon, nous adresse les adhésions et cotisations de vingt-trois personnes ;

A Quimper, M. de Rémond du Rhélas, s'offre à entrer de suite en campagne ;

A Brest, M. Gicquel des Touches, capitaine de frégate, se met à notre disposition, autant que sa position peut le lui permettre ;

M. Bourrée, rédacteur en chef du Courrier des Ardennes à *Charleville-Mézières (Ardennes)* nous écrit d'excellentes choses : « La force des adeptes de l'Internationale ne repose, dit-il, ni sur le nombre, ni sur la valeur, — mais sur la cohésion, sur la discipline, sur une volonté implacable, et surtout sur l'inertie coupable des hommes d'ordre et de conservation. » Il offre avec empressement son concours ;

Même offre de la part de M. G. Jouslin, avocat à *Bourges (Cher)* ;

Même offre encore du Comité d'Amis, *Tarare (Rhône)* ;

Nombreuses adhésions que nous fait parvenir M. Delmont, propriétaire, à *Montferrand (Dordogne)* ;

A *Dôle (Jura)*, MM. Douthant et Luc Prost demandent à nous aider, et promettent de faire tout leur possible dans leur entourage ;

A Soissons (Aisne), Mlle P. G., nous a envoyé une longue liste de noms capables d'adhérer à notre programme et de le soutenir ;

Dans les *Landes*, M. Soubiran, avocat, nous offre une organisation ;

A *Saint-Donnat (Drôme)*, M. Aug. Chuillon, propriétaire, n'attend que les décisions du Comité ;

Nous avons reçu des lettres analogues de M. E. Rieffel, à *Chambéry (Savoie)* ; de M. Vincendon du Moulin, juge à *Saint-Marcellin (Isère)*, qui s'occupe beaucoup de nous envoyer des adhésions ; de M. Basquez de Rebout, conservateur des hypothèques, à *Neufchâtel (Seine-Inférieure)* ;

De M. Elysée Hanotel, propriétaire-cultivateur, à *Torcy-Sedan (Ardennes)* ;

De M. Blanchet, vicaire à *Flers (Orne)*, etc., etc.

D'autre part, diverses Sociétés poursuivant le même but que nous, se sont offertes à entrer en relations avec nous.

Nous ne pouvons évidemment vous énumérer toutes les lettres reçues ; elles ont été du reste répertoriées avec soin et seront mises sous les yeux du Comité.

Pour Paris, Messieurs, nous n'avons pas besoin de vous dire ce qui a été fait, puisque vous, qui assistez ici, êtes les principaux de nos adhérents. De nombreux programmes nous ont été, et nous sont encore chaque jour demandés ; notre correspondance représente toutes les classes de la société, la magistrature, la noblesse, le clergé, le barreau, le commerce, la fabrique. Nous vous recommandons le projet de M. Pouillet, avocat, qui est à peu de choses près le nôtre, et une lettre de M. J. Lefevbre, sculpteur, rue Champagne, intéressante surtout en ce sens qu'elle émane d'un ouvrier.

Les campagnes aussi commencent à prendre part aussi au mouvement dans une proportion assez sensible ; car leurs adhésions doivent être les plus importantes, en même temps qu'elles sont les plus difficiles à recueillir : nous avons des listes d'adhésions signées de petites communes de :

L'Orne, — de l'Indre-et-Loire, — de la Mayenne, — du Var, — de la Haute-Loire, — des Alpes-Maritimes, — des Basses-Pyrénées, — du Morbihan, — du Gard, du Puy-de-Dôme, — du Tarn, etc.

En somme, le mouvement a déjà commencé à se dessiner dans 39 départements.

Tel est, Messieurs, l'exposé aussi succinct que possible de notre plan d'exécution et de ce que nous avons fait depuis moins d'un mois.

Nous espérons que vous jugerez que, réduits à notre propre initiative, nous avons fait ce qu'il était possible de faire.

A vous maintenant de prendre en mains notre œuvre en l'améliorant, et en la complétant.

Certes elle est immense, cette œuvre ; mais le danger est immense aussi, — et ne l'oubliez pas surtout, il est imminent, et il menace toutes les classes de la société.

Donc, célérité d'exécution et union quand même : voilà ce qu'il ne faut jamais perdre de vue ; la lenteur et la désunion seraient également funestes.

Nous n'avons pas besoin d'insister davantage, vous nous avez compris, Messieurs, puisque, après avoir approuvé notre programme, vous vous êtes réunis ici pour nous entendre.

Nous vous proposons de lésigner parmi vous les membres du Comité central, et de dire que ce Comité aura à choisir dans son sein une Commission d'initiative, chargée de prendre immédiatement les premières résolutions urgentes, afin d'arriver à une très prompte organisation.

Paris. — Imp. Turfin et Ad. Juvet, Cour des Miracles,